Anonymous

Beschreibung des deutschen Helden Hermans, der Hartzländer und Westphalen Herzogen

zu anfänglicher Wiederherbringung der von den kriegs-unersättigen Römern fast unterdrückten Deutschen Freiheit

Anonymous

Beschreibung des deutschen Helden Hermans, der Hartzländer und Westphalen Herzogen
zu anfänglicher Wiederherbringung der von den kriegs-unersättigen Römern fast unterdrückten Deutschen Freiheit

ISBN/EAN: 9783743680906

Hergestellt in Europa, USA, Kanada, Australien, Japan

Cover: Foto ©ninafisch / pixelio.de

Weitere Bücher finden Sie auf **www.hansebooks.com**

Kurtz=Begriffene

Beschreibung

des fürtrefflichen Deut=
schen Helden/ Hermans
oder Harminii,

Der Hartzländer und West=
phalen Hertzogen/ zu anfängli=
cher Wiederherbringung der von den
Kriegs=unersättigen Römern fast unter=
druckten Deutschen Freyheit/ wider
dieselbe geführten Kriegs in
Deutschland.

ANNO M. DC. LXVIII.

ES gedencket der Grie-
chische Geschichtschreiber
Strabo im siebenden Buch
seiner Lands-Beschreibung
(p. 280.) daß die Sicam-
bern (so sonst hernach Francken genennet
worden/und des Orts da jetzt Geldern ligt
zum Theil ihren Sitz gehabt) auff des
Kriegs-Häuptmanns Melo Veranlas-
sung/sich wider die Römer eines Krieges
unterwunden/und also den gemachten
Friede und Treue gebrochen/in welchem
Handel die Cherusken (seyn die Hartzländer und Westphalen) auff getrieb.Her-
tzog Hermans sich auch gemischt/dem sie
mit Hindansetzung ihrer Ehr und Treu
hierunter gefolget/wider die Römer sich
empöret/und einen Auffruhr angerichtet/
daher sich dann folgender Krieg soll ver-
ursacht haben. Daß es aber weit anders
damit bewand/ist aus den bewehrtesten
Geschichtschreibern/und von denen con-
tinua serie beschriebenenGeschichten ohn-

H v   schwer

schwer uñ zwar dieses gründlich zu erhaupten/ Daß die Römer/die Deutschen ihrer Freyheit durch ihre unersättige Kriegs-Begierd/ so allein dahin gerichtet/die gantze Welt zu bezwingen / gröffern Theils/ jedennoch nit gar beraubt und entsetzt/das ihnē aus eingenaturtem Recht gleichfals hinwiederumb frey gestanden / bey veranlaster Gelegenheit des Römischen Krieges = Joch,s sich hinwiederuñ zu entschütten/ so weit fehlets/daß die von dem Drusо mehr überwundene/als bezwungene Deutschen eines treulosen Friedbruchs mit Fug beschuldiget werden könten; In mehrer zurück Erwegung / daß sie insonderheit gezwungen und genöhtiget worden durch die grosse unleidliche hochmühtige Tyranney der Römischen Feld-Herren wider die Römer die Waffen zu Wiedererhaltung der Deutschen Freyheit zu ergreiffen / gestalt aus den Röm. Geschichtschreibern Vellejo Paterculo, und Floro kund/ wie daß der Röm. Feld-Herr QUINTILIUS VARUS, welchen Käyser AUGUSTUS an des abgestorbenen Drusi Stelle in Deutschland gesandt hatte) ein über die massen stolzer/ karger/ geitziger Mann

und graufamer Tyrann gewefen/von Geburt zwar Adelichen Stammes und Her-
kommens/ aber zu Krieges-Händeln nicht
fonderlich gefchickt / er meynte es folte ihm
in Deutfchland eben alfo gelingen / wie in
Syrien/ da er eine zeitlang nach dem Cy-
renio Landpfleger gewefen/und alfo hauß-
gehalten / daß man ihm nachgefchrieben/
Er wäre arm und dürfftig in ein volles uñ
reiches Land gekomen / hätte fich aber wol
begrafet / und als er reich/ wiederumb an-
heim nach Rom gezogen/ ein armes auß-
gefogenes Land hinter ihm verlaffen / wie
Paterculus ihm diefen Lobfpruch nach-
fchreibet/Pauper divitē Syriam ingreſsus,
dives pauperem reliquit. So gedencket,
Florus/daß er ein unzüchtiger Mañ gegen
Weibern und Jungfrauen gewefen. Als
nun Varus einer fo gar ungütigē uñ ſtren-
gēRegierung derDeutſchē ſich unterwun-
den/daß auch die ſtreng eingeführte vielfäl-
tig Rechtsfatz-und Ordnungen denDeut-
ſchen graufamer dann die Waffen felbſt
fchienen/ in dem ſie fonſt wie die Hunde/
und für folche Leute gehalten wurden / die
nicht mehr dann alleine Menfchen Ge-
H vj   ſtalt

ſtalt und Stimme / aber kein Witz noch
Verſtand hätten/ und daher alle wider ſie
verübete Gewalt eine zeitlang/ſonderlich/
weil ſie getrennet waren/ erleiden/und ſich
ſtellen müſſen / als wären ſie damit gar
wol zu frieden / ſo gerieth er dadurch unter
fäſtem Vertrauen auff ſeine groſſe Gewalt und Macht / in eine groſſe Sicherheit. Und ob er wol von Hertzog Sieg-
gaſt/des Arminii Schweher mehr dann
einmal ward gewarnet/daß er ſeiner Sachen beſſer warnehmen möchte / dann ein
groß Bündnis wider ihn obhande wäre/ſo
achtete er doch ſolches alles nicht / ſagend:
Er konte ſich zu den Deutſchen / die je und
allewege den Römern Glauben gehalten/
ſolcher Untreue und Abfalls nicht ver-
muhten. Immittelſt faſten die Deutſchen
an des Vari Bedruck groſſen Verdruß/uñ
war inſonderheit ihr Feld-Herr undObri-
ſter / Hertzog Herman darauff Tag und
Nacht bedacht / wie er des überſchweren
Bedrängnüß die Deutſchen entheben
möchte. Das Landvolck hat ſich auch unter dieſer unzweiflicher Hoffnung hin und
wieder an ihn gehangē/ welche er dazu gar
leicht bewegte/ daß er ihnen faſt beweglich

fürhielt/ wie daß es ihnen nicht allein eine
grosse Schande/ sondern auch ein ewiger
Schimpff seyn wurde/ daß sie weiter hin
solchen Frevel und Muhtwillen der Rö=
mer dulden und erleiden solten. Dar=
auff haben sie sich miteinander verbunden
und verschworen/und waren die vornehm=
sten Häupter in dieser Verbündniß Her=
ßog Herman/ Herr Libes der Chatten/ o=
berster Priester/und ihr Fürst Freymeyer
(Veromarus) Fürst Sigmund/ Hertzog
Sieggasts Sohn der Cherusken Prie-
ster/und auch derselben Fürsten einer/ Her=
tzog Hagemeyer sampt seinem Sohn
Siegsdagen (Sesitachus) und der Herr
Werdreich/ Berthorites, Hertzogen Me=
len/obgedachtes Sicambrischen Fürstens
Bruder/beneben seinem Sohn Tiderich.
Hertzog Sieggast/ des Hertzog Hermans
Schweher mit dem Landvolck bewilligte
zwar auch in diesen Krieg/ aber in seinem
Hertzen war er viel anders gesinnet/ und
hielt es mehr mit den Römern/ verzieht
alles dem Varo, und gab ihm den Raht
nach denen Urhebern und Rädlingsfüh=
rern zu trachten/ so er derer sich bemächti=
gen kunte/würde sich das gemeine Volck

leichtlich wieder zu Ruhe begeben / allein
Varus glaubte deſſen keines / ſchlug alle
Warnung in den Wind / verwieß es auch
Sieggaſt / und andern gar hoch / daß ſie
ſolchen Argwohn auff die Leute werffen /
und ſie für ihm alſo verunglimpffen dürf-
ten. Hertzog Herman wuſte dieſes alles
wol / als der zuweilen (wie Dio Caſſ.
ſchreibet) auch mit Varo ümbgieng / und
ſich deſſen / ſo er beſorget / im geringſten nit
mercken ließ / ſondern wuſte ſich alles zu
ſeinem Vortheil zu Nutz zu machen / und
brachte unter der gewiſſen Hoffnung /
daß ihm ſein Anſchlag nicht mißfehlen
wurde / ein groſſes Volck zuſammen / und
ſetzte eine gewiſſe Zeit / wenn er Varum ü-
berfallen wolte. Quintilius Varus hatte zwar eine trefliche Armee / ließ ihm a-
ber beduncken / daß er derſelben nunmehr
eben nicht ſo groß bedurffte die Deutſchen
damit zu bezwingen / oder kundte darnach
ohne Schaden mit Gewalt nicht eben viel
außrichten / verlegete alſo die Völcker hin
und wieder in die Länder zu Beſchützung
der Grentzen / und anderer Orten beſor-
gende Einfall zu verhüten / richtete Schöp-
pen ſtuele auff / und ſo bald ſich etwas un-

richtiges zutrug / ließ er die Parten für
Gericht fodern / und ihnen da recht spre-
chen/ der gefaßten Meyn - und Hoffnung/
die wilden Deutschen endlich sittsam und
zahm zu machen / daß sie mit der Zeit die
Waffen gar ablegen solten/so sonsten mit
keiner Gewalt allerdings gezwungen werden möchten. Die Deutschen ersahen
hierin bald ihren Vortheil / stelleten sich
gegen den Varum / wann er.den unter ihnen entstandenen Zwiespalt gütlich ent-
schieden / als wäre ihnen daran ein groß-
ser Dienst und Gefallen geschehe/ darüber
Varus ihm die Gedancke machte/daß keine
Zweyhelligkeit unter ihnen sich ereugnen
könte / welche er nicht gütlich zu entscheiden vermochte. Als sie nun sahe/daß er sich
nichts besorgete/ richten sie aus Fürsaß eine grosse Wüterey und Tumult unter-
läng an/ daß Varus veranlaßt wurde / sich
mit seinem Heerlager auffzumachen/ und
sie deßwegen zu bestraffen / und zum Gehorsam zu bringen/ samlete zu Hauff von
seinen Völckern so viel er in Eil vermöch-
te/ ließ aber inzwischen eine Versamlung
beruffen/ und einen Gerichtstag ankün-
di=

digen die Sach nach recht zu entscheiden /
und den Unwillen zwischen den Deutschen
hinwieder zu stillen / und beyzulegen / ließ
Friede außruffen/daß sich männiglich zur
Ruhe begeben / und aller Frevelthat hin-
füro enthalten solte / er zog auch selber an
den Ort / da sich die Unruhe hatte entspon-
nen / wohin ihn dann auch die Deutschen
gern haben wolten/die so vorhin stets ümb
und neben ihm gewesen / suhens gleichfals gern/ daß er sich so liederlich und un-
fürsichtiglich auff den Weg machte /
vertrösteten ihn auch / sie wolten / (da es
nöhtig seyn würde) ihm folgen / wie dann
auch zwar geschach / aber nicht / als wie
Varus vermeynte.   Als nun die Deutschen sahen / daß Varus noch also mit ihnen rechten wolte / und sie ihren Vortheil
bekommen hatten/grieffen sie zur Wehre /
und schlugen ein jeder die einzelen Römischen Kriegsleute/so er hin uñ wieder auß-
getheilet hatte/ den nechsten/ den er antref-
fen konte/ zu todt (wie Dio schreibet) ei-
leten darnach mit ihren Bunds-verwand-
ten dem Varo auff dem Fuß nach / und
traffen ihn an in eine unwegsamen Wal-
de/

ße/ da es viel Thal und Gebirge hatte/ und
das Gehöltz dick und enge war / da er zu=
vor mit seinem Kriegsvolck eine Bahn
hindurch zu machen sich abgearbeitet /
und müde gemacht hatte/ und konten ohne
das ümb der vielen Wagen und des Tro=
stes willen / so sie an den Weibern und
Kindern bey sich hatten / als wolten sie et=
wa zur Kirchweihe ziehen / nicht wol eine
Ordnung im Zug halten / wie es auch we=
gen des ungestümen Windes und Wet=
ters gar übel fortzukommen / und an etli=
chen Orten der Weg auch gar verhauen
war ; Die Deutschen aber wusten alle
schliche / und fielen unversehener Sachen
mit Gewalt hauffen=weise aller Orten
herein über die Römer/ ümbringeten sie
so gewaltig auff allen Seiten/daß sie küm=
merlich ein wenig zusammen rücken / und
auff einem Berg (den sie einnahmen) ihre
Schlachtordnung machen könten / da sie
dañ auch viel ihrer selbsteigenen Wagen/
damit dieselben den Deutschen nicht in die
Hände kamen / verbrandten / und sich die
Nacht kümmerlich allda erhielten / und
des folgendes Tages in einer etwas besser
Ord=

Ordnung aus dem Walde ins offene Feld
rückten/ darüber sie doch gleichwol nicht
wenig Leute verloren/ und wieder in einen
Wald sind gedrungen worden. Daselbst
ob sie sich zwar tapffer zur Gegewehr ge-
stellt/seyn sie doch von den Deutschen/ als
in einen Winckel zusamen getrieben/ daß
sie einander wol selbst hätten mögen er-
drücken/ die Deutschen haben ihnen darauff auch also zugesetzt/ daß sie alle drey
Legionen der Römischen Kriegsleute mit
eben so viel Legaten oder Leutenandē/ auch
so viel Reisigen Hauffen oder Squadron
Reutern (wie Paterculus anzeigt) so auff
beyden Seiten neben dem Fußvolck verordnet waren/und sechs Cohorten oder ge-
mengeten Zeug von Reisigen und Fuß-
volck/ auch eine grosse Menge der Römischen Bundgenossen/so dazumahl bey Varo waren / alle auff einmahl also erlegten
und ümbbrachten/ daß ihr gar wenig /und
wie Paterculus schreibet / schier niemand
mit dem Leben davon kommen. Der Feld-
Herr Varus war hart verwundet / und da
er sahe / wie übel es mit den Seinen zu-
gieng/ hätte er mehr Begierde zu sterben/

dann

...ann zu streiten/ damit er nun nicht in sei-
...er Feinde Gewalt kommen möchte / er-
...tach er sich mit seinem selbst eigenem
Schwerd / wie etwan sein Vater und
Broßvater auch gethan hatten / und diß-
nahl viel andere der vornehmsten Kriegs-
eute/ die sich sonst tapffer gehalten hatten/
...enn sie sahen/daß die Deutschen niemant-
...es schonete / wes Standes einer gleich
...var hoch oder niedrig/sie schlugen sie ohne
Unterscheid zu Boden / und würgeten al-
...es gleich wie das Vieh / und ist also auff
dißmahl der Römer stärckestes bestes und
fürnehmstes Heer von Zucht/Faust und
Erfahrung für allen andern Römischen
Kriegsleuten am höchsten gerühmet / zu
Grund gerichtet worden. Cajus Eio-
nius oder Cejonius der Römischen Obersten einer hat seinen anbefohlenen Hauffen lieber übergeben / denn bey demselben
redlich und ehrlich sterben wollen. Wie
dann auch des Vari Leutenant Valumo-
nius oder Valerius Numerius sich gar nit
wolgehalten/ in dem er sein Volck / als ers
in Nöhten gesehen/ stecken lassen / sich mit
etlichen in die Flucht gegeben/ und ist / als
er

er über den Rhein setzen wollen / ertrun
cken.   Ein gar berühmter Römer/ Nah
mens Caldius Celius , als er in diese
Schlacht von den Deutschen lebendig gefangen worden/und gesehen/ wie grausam
und unbarmhertziglich man mit den andern Römern ümbgesprungen / und sich
befürchtet / daß mans mit ihm nicht besser
würde machen / hat er die Ketten genom-
men/ damit er angefesselt war / und sein
Häupt damit zerschlagen/ daß er so gar
Hirnwund worden/ daß ihm das Gehirn
aus dem Kopffe gefallen / und er sich also
zu tode geblutet. Die Deutschen haben in
dieser Schlacht den Römern zwey Häupt-
Panier beyde mit dem Adler abgewonnen un
behalten/ das dritte Hauptt-Panier auch
mit dem Adler hat der Fenderich/ da er ge-
sehen/ daß ers öffentlich nicht verthätigen
können/ abgerissen / und sich damit in ein
Sumpff/der allbereit von anderer Erschla-
genen Blut gantz roht gewesen) gestürtzet.
Auff der Wahlstadt soll gemeinem Uber-
schlag nach ein grosses Volck geblieben
seyn/ und fast nicht viel über funfftzig tau-
send/ denn eine Legion zum wenigsten sechs-
tau-

aufend Mann gehabt. Nun ſeyn hie
drey ſtattliche und wolbeſetzte Legionen
geweſen (unter welchen die eine, darvon/
das die beſten/kühneſten und verſuchteſte
Kriegs-Leute darunter waren/ Martia genandt ward)ohne die Reiſigen/ und ohne
die ſechs Cohorten/ und andere Bundge-
noſſen. Viel der Römer/ denen die Wäl-
der/ Lacben/ See und Sumpffen/ derer
Orten unbekandt geweſen/ haben jämmer-
lich darin umbkommen müſſen/ nach dem
die Deutſchen ſie alſo hinein gejagt/ daß
ſie entweder erſauffen/ oder erſticken müſſen. Seyn auch ihrer eine groſſe Anzahl
vom gemeinen Landvolck umbbracht worden. Es hatten die Römer ihres Feld-
Herrn des Vari todten Leib in Eil begra-
ben/ und unter die Erde verſcharret/ aber
Siegmayer eines Deutſchen Herrn/ des
Sieggaſts Brudern Sohn hat ihn neben
andern wieder außgegraben/ und habeu
ihr Spiel damit getrieben/ihn die Helffte
verbrandt/ den Kopff abgehauen/darnach
den Leib zerſtücket/ ins Waſſer geworffen/
aber den Kopff dem Schwabiſchen König Merhobot (Marobodus) ſo in Be-
hem

hem dazumahl gesessen / zum Beutpfen
ning zugeschickt/ daß er sehen solte / wie e
sunb die Römer stunde/mit deme er sich i
Bündniß hatt eingelassen/der hat ihn he
nach dem Käyser Augusto gen Rom übe
sandt/ daselbst er in seiner angebornen B
gräbniß begraben worden / es seyn auc
die Gebeine der entleibten und zerschlag
nen Römer durch Germanicum, so nebe
dem Tiberio von dē Käyser Augusto nac
des Vari Tod / wie der die Teutschen ab
gefertiget/ehrlich zur Erden bestattet wor
den. Dann als ihm der Zeit/ da die Deu
schen von dem Tiberie/ als er im 7. Jah
des Alters unsers HErrn JEsu Chris
über die Weser gezogen/ überwunden un
gezwungen worden/ daß sie dem Tiberi
einen Fußfall thun / und sich an den Kä
ser Augustum haben ergeben müssen
fürbracht worden/ wie daß die Cörper de
Legionen/ so mit Varo erschlagen worden
noch nicht begraben waren/ bekam er ein
Lust sampt dem gantzen Heer / darinne
dann viel ihre angeborne / und verwandt
Freunde unter jennen Legionen gehabt/
daß sie beschlossen derselben Gebeine ehr
lich zur Erden zu bestatten. Da

Damit aber solches ohne Gefahr geschehen mochte / schickte Germanicus den
Cecinnam fürhin / die Wälder zu besich-
tigen / und Brücken / Stege und Dämme
über die Sümpffe und Graben zu machen;
darauff zogen die Römer betrübt uñ trau-
rig auff die Wahlstadt / woselbst die grosse
Niederlag geschehen / da man annoch fein
sehen konte / wo der Feld-Häuptmann Varus mit den Römischen Legionen gelegen /
und wo die Schlacht gehalten / mitten auf
dem Platz lagen die weissen Gebeine / darnach sie entweder geflohen waren / oder sich
gewehret hatten / an etlichen Orten zer-
streuet / an etlichen Orten häuffig und dick
bey einander ; so lagen auch Pferdgebein /
und allerley Rüstung mit darunter / und
stackē auff etlichen Baumstümpffen noch
Menschen-Köpffe / man sahe auch das
Blut / ja Haut uñ Haar der Römer noch
an den rauen Bäumen hangen / daran sie
sich in der Flucht zu todt gerannt / man
muste ihre todten Cörper von weitem zusammen suchen / auch ihrer viel aus dem
Dreck und sumpffigen Orten / darinn sie
zum Theil ersticket / zum Theil erloffen /
her-

herausserziehen/ Item/ man sahe da für den
Walden die Altar der Deutschen/ da sie
die Häuptleute der Römer geschlachtet/
und ihren Göttern geopffert hatten; Etliche Knechte/ so aus der Varianer-Schlacht
waren davonkommen/ konten fein zeigen/
wo die fürnehmsten Befehlshaber erschlagen worden/ wo man das Häupt-Fähn-
lein verlohren/ und wo der obriste Feld-
Häuptmann Varus zum ersten verwundt
worden/ wo er sich darnach selbst entleibt/
Item/ wo der Hertzog Herman gehalten/
ꝛc. Da sie nun mit Schmertzen alles wol
beschauet hatten/ lasen sie die Gebeine zu-
sammen/ und wiewol ihr keiner gäntzlich
wissen konte/ welches der Freunde Gebeine waren/ begruben sie doch die alle mit-
einander/ und waren darüber nicht wenig
ergrimet/ Diß geschach im sechsten Jahr
nach der Niederlag des Vari, im sechszie-
henden Jahr des Alters unsers HErꝛn
Jesu Christi. Germanicus legte den ersten Rasen auff das Begräbniß der Er-
schlagenen/ und machte ihnen zum Ge-
dächtniß dieses Monument/

OSSA MIL. V. ET XIX. LEG.

CUM

CUM QUINTIL. INTERTECT.
JUSSU GERMANICI HUC COL-
LATA QUIESCUNT. Welches doch
dem Käyser Tiberio/ als er erfahren / gar
nicht wolgefallen/ daß er sich mit den To-
denbeinen schier gleich verunreiniget / und
das Kriegsvolck dazu mit den Deutschen
zuschlagen etwas zaghafftig gemacht hatte. Wo diese grosse Schlacht und Niederlage geschehen/seyn die Historienschreiber nicht allerdings einig; dann etliche/als
Georgius Spalatinus halten es dafür/sie
sey geschehen in Westphalen am Dußber-
ger Walde zwischen der Emmis und Lip-
pe/ da man von Paderborn nach Bielfeld
und Münster gehet/ da noch ein Wald die
Tente / oder Teutenberg verhanden / den
Cornelius Tacitus Saltum Tentobergé-
em nennet / davon das Wind feld (quasi
campus victoriæ) von diesem der Deutschen Sieg und Uberwindung an den Rö-
nern / noch heutiges Tags den Namen
hat / ein schöner Platz bey vierhundert
Schritt lang/ und zweyhundert breit/ nit
ferne von dem alten Schloß Falckenberg/
und dem Städtlein Horn. Cazion mey-
net/

J

nen / diese Schlacht sey an der Weser geschehen.   Irenicus ligt sie in Meissen an
der Elbe / etliche auffs Lechfeld bey Augs-
spurg / als Frisingensis, Conradus Peu-
tinger, Urspergensis, Picus und andere
fehlen aber gar zu weit.   Die erste Meynung stimmet mit Strabone überein / und
ist der Warheit am ähnlichsten/ derselben
auch zufallen.   Philippus Camerarius
oper. subcisiv. Centur. 3. cap. 99. fol.
in 387.

Bunting in der Braunschweigischen
Chronica fol. 5. ist auch der Meynung/
daß die Schlacht in Westphalen/nit weit
von Paderborn zwischen denWassern/die
Lippe und Emse genant / bey dem Tenten-
berger Walde geschehen / und zwar im ze-
henden Jahr des Alters unsers HErrn
JEsu Christi / am 2. Tag des Monats
Augusti. Andere/als Aventinus setzen den
3.und 4.Tag Julii/ Anno mundi 3974.
im 762.Jahr nach Erbauung der Stadt
Rom/ als Publius Cornelius Dolabella.
und Caius Junius Syllamus zu Rom Bur-
germeister gewesen/ das ist gleich im zwey
un funfftzigsten Jahr der Regierung Au-
gusti/

gufti/im zwölfften Jahr nach Chrifti Geburt. Und weil an dieſer Niederlage ein
treflich groſſer Schade den Römern geſchehen dergleichen ſie nicht erlitten / ſeiter
der Schlacht / die auch ein ſolcher Geitz-
halß Marcus Craſſus drey und ſechtzig
Jahr zuvor in Parthia den Römern
verlohren hatte/wie Suiſtonius anmerckt /
Käyſer Auguſtus/ als er dieſe Zeitung er-
fahren/ ſo hefftig erſchrocken und beſtürtzet
worden / daß er die Aempter nicht von
neuen / wie ſonſt bräuchlich / beſtellet/ ſondern es bey der vorigen Verwaltung habe verbleiben laſſen/auch Tag und Nacht
die Wache in der Stadt und auff dem
Lande auffs beſte und fleißigſte beſtellet/
dann er in Sorgen geſtanden/ es möchten
die Deutſchen auff dieſen erlangten Sieg
weiter ûmb ſich greiffen / und Rom mit
Gewalt einnehmen ; und damit etwa durch
heimliche Conſpiration der Deutſchen
keine Unruhe in der Stadt entſtehe möch-
te/ hat er alle Deutſchen / ſo zu Rom in
Beſoldung/oder ſonſt der Zeit daſelbſt ſich
auffgehalten/ aus der Stadt hinweg ge-
ſchafft. Es hat auch Käyſer Auguſtus
für

für Traurigkeit seine Haar und Bart
wachsen/ und in etlichen Monaten nicht
abnehmen lassen / ist auch aus Unwillen
und Ungedult offtmahls mit dem Kopff
wider die Wand gelauffen/ und geschrien/
Quintili Vare , Redde Legiones. O
Quintili Vare , gib mir das Kriegsvolck
wieder/damit ich dem Harminio Wider-
derstand thun möge/den jederman/wie itzt
gedacht/ besorgete sich/ Harminius wurde
mit dem Deutschen Kriegsvolck gerades
Weges auff Rom zuziehen / wie die Cim-
bri und Teutones vorzeiten gethan / und
das Römische Reich außrotten/es hat der
Käyser Augustus auch seinem Abgott/
dem Jupiter Gelübde gethan/ihm zu Ehren die grosse Schauspiel zu halten/wo er
weitern Schaden verhüten / und der Römer Sachen wiederumb zu besserm Glück
und Wolfahrt wende wurde/ Er hat auch
jährlich denselben Tag/ da dieses geschehen in Traurigkeit mit Leid und Klag zu-
gebracht.   Lucius Asprenas des Vari
Schwester Sohn und Leutenant / hatte
zwo starcke und wolbesetzte Legionen/in die
funffzehen tausend Römer unter seinem
                                    Befehl

Befehl/ mit denen er auch in Deutschland
gelegen/ wäre bald in gleiche Noht kommen; Aber er hat sein Volck/ und etliche
wenig/ so von des Vari Kriegsleuten/ lebendig davon kommen/ noch unbeschädigt
durchbracht. Denn als die Schlacht am
grösten/ und es damals mit den Römern
gar aus gewesen/ hat der Trompeter ei-
ner/so die Flucht genommen/wie Dio Cas-
sius schreibet/ auffgeblasen/ und da ist ein
Geschrey darauff erfolget/ Asprenas sey
verhanden/und wolle Varum entsetzen/Da-
durch die übrigen ein Hertz gefast/und sich
ihrer etzlich noch also von den Deutschen
loßgewirckt/ durchgeschlagen/ und zu dem
Asprena kommen/welcher dann nicht gar
zu weit gewesen/ aber sich an die Deut-
schen/ da er gehöret/wie es zugangen/nicht
wol hat wagen dörffen/ sondern sich den
Rhein hinauf gemacht/daselbst das Landvolck kümmerlich in der Römer gehorsam
erhalten/ wie Paterculus anmercket. Also
hat Hertzog Herman mit dieser Schlacht
so viel außgerichtet/daß der Römer Reich
und Herrschafft am Rhein sich endigen
musten/ und ist da ergangen/ wie Florus

schrei-

schreibet/Germania magis turpiter amis-
sa, quam gloriose acquisita est, Es sey die
Schande/da Deutschland verlohren wor-
den/ den Römern grösser gewesen/ dann
die Ehre/ die sie davon gehabt/als sie es gewonnen. Es hat auch Hertzog Herman
alle die Lande/ so die Römer zwischen der
Elbe und dem Rhein unter sich gebracht/
wieder eingenommen/ und haben hernach
die Deutschen länger dennachtzig Jahr
für ihre Freyheit wider die Römer gestrit-
ten/ wie Josephus meldet lib. 2. belli Ju-
daici. c. 1 6. Hernach fertigte Käyser Augustus den Tiberium/ welchen er von wegen seiner tapffern Thaten zu einē Sohn/
Erben und Nachfolger im Reich auffge-
nommen/ und erwehlet hatte/ neben Germanico des Tiberii Bruder Sohn ab wider die Deutschen/welche er auch zuvor etliche mal überzogen/ uñ zimlich Glück wider sie gehabt hatte. Und schreiben etzliche/
daß er wol neun Züge in Deutschland gethan. Es hat aber dißmal/ wie Dion. lib.
5 6. setzet/ Tiberius, nach dem er über den
Rhein gezogen/und mit Brand und Ver-
heerung etwas Schaden gethan/keinmahl
ge

geschlagen/ auch nichts sonderlichs außge=
richtet; Es haben die Hessen/ Hartzländer
und Engern ihm auch zugleich abgesagt.
Und als er ihnen den Häuptman Sylvium
entgegē geschicket/ haben sie denselben bald
hingerichtet/ und hernach dem Tiberio ei=
ne Schlacht geliefert/ die von der fünfften
Morgen=Stunde an biß in die finstere
Nacht gewähret/ daß man bey zehen Meil
weges voller Todte ligend gesehen. Tibe=
rius/ als er gesehen/ daß den Teutschen mit
Gewalt nichts abzubrechen / hat er mit
List an sie gesetzt/ und den Sicambern o=
der Francken am Rhein grosse Zusagung
gethan / da sie sich friedlich gegen ihm ver=
halten/ und der Römer Freundschafft an=
nehmen wurdē/ ihnen auch ein groß Stück
Landes in Gallia einzunehmen zugesagt/
welches sie denn also angenoñen/ und an
die viertzig tausend starck übern Rhein ge=
zogen. Anno Christi 15. hat sich Ti=
berius wieder gen Rom gemacht/ und ist
das andere Jahr in seinem 56. Jahr Rö=
mischer Käyser worden / darauff hat er
Germanicum wider die Deutschen abge=
fertiget/ welcher ein Brücke über dē Rhein

J iiij   ge=

geschlagen/ und mit 12000. Römischen
Fußknechten/ und 20. Cohorten Bundge-
nossen/ und Schuadron Reutern hinüber
gezogen/ biß an den Wald/ den Cornelius
Tacitus lib. 1. Sylvam Cæsiam nennet/
da die Deutschen gleich beysammen gele-
gen/ und ihrer Göttin Tanfana Fest ge-
halten/ als sie nun/ ihrer Gewonheit nach/
wol gefressen und gesoffen hätten/ und die
Nacht sein hell gewesen/ ist der Häuptmann Cecinna mit seinem Volck füran-
gezogen/ und an der Marsen Flecken kom-
men/ und dieselben in grosser Sicherheit
gefunden. Germanicus folgete hernach/
theilete das Volck in vier Spitzen/ und
griff die Deutschen an vielen Orten zugleich an/ verwüstete das Land auff funfftzig Meilen sehr greulich/ ließ würgen und
erschlagen ohn alle Barmhertzigkeit jung
und alt/ und was nur von lebendigē Menschen angetroffen ward/ und dabey der
Tanfanæ Tempel einreissen und schleif-
fen/durch diesen kläglichen Fall der Marsen wurden die Bructeri, Tubantes und
Usipetes, das ist die Brockenberger und
etliche Westphalische Völcker bewegt/daß
sie

sie den Wald/ dadurch der Römische zug
wieder abziehen muste / wieder einnah=
men/ aber Germanicus erfuhr dieses ihr
Fürhaben/ führet sein Volck in eine Ord=
nung/ und ließ die besten Kriegsleute im
Vorzug auff den Seiten/ und im Nach=
zuge ordnen/ mit Befehl der Sachen al=
lenthalbē wol acht zu nehmen. Da diß die
Deutschen innen wurden/ hielten sie mit
dem Angrieff stille / reitzten die Römer
nur bißweilen ein wenig/ jetzt forn an der
Spitzen/ denn auff den Seiten/ letzlich fie=
len sie aber mit gantzer Gewalt in die Hin=
tersten / da entstund groß Furcht und
Schrecken im Heer / unnd wo nicht die
zwantzigste Legion auff des Germanici
ernstes anhalten einen Muht gefasset/ und
das beste gethan hätten/ wurden die Rö=
mer eine grosse Schlap genommen haben.
Hierauff fertigte Germanicus den Ce=
cinnam mit vier Legionen Römern/ und
fünfftausend Bundgenossen auff die
Marck im Land zu Berge/ Er aber mit
dem andern Kriegsvolck/ als vier Legio=
nen/ nam seinen Zug auff die Catten/ oder
Hessen / und bauet das Schloß Than wi=

J v   der

der sie. Ob dann zwar die Cherusken
(Westphalen und Hartzländer(denselben
gern geholffen/ konten sie doch dazu nicht
gelangen/ dann Cecinna sie davon abge-
schreckt hatte/ und wurden also die Catten
übereilet/ und was alt und unvermüglich
war/ erschlagen/ die junge Mannschafft
nam die Flucht über das Wasser Adra-
nam, und von dannen in die Wälde.
Germanicus aber hat ihre Häuptstatt
Mattium verwüstet/ und sich wieder nach
dem Rhein gewandt. Inzwischen hatte
Hertzog Herman seines Schwehers Unterthanen auch ins Harnisch bracht wider ihres Herrn Fürst Sieggasts willen/
welcher denn derhalben seinen Sohn Sig-
mund/ und andere Legaten umb Hülffe zu
Germanico sendete/ also ward demselben
ein Kriegsvolck und Zusatz am Rhein gegen Franckreich über zugeordnet. Nichts
desto weniger griff Germanicus Hertzog
Sieggasts Landschafft (dieweil sie wider
ihn auffgestanden war) mit Gewalt an/
brachte das Landvolck in die Flucht/ unnd
nam Hertzog Sieggasten selbst gefangen
mit etlichen seiner Freunde und Diener/
und

und darunter war auch Frau Thosfeldt
Hertzog Hermans Ehlich Gemahl/dazu-
mal hoch schwanger/ und gewonnen den
Tag die Römer viel Wehren und Waffen wieder/ die in der Varianer Schlacht
waren verlohren worden. Hertzog Sieggast ward auff seine Entschüldigung sein
Land wiederumb eingeräumet/ und allen
seinen Verwandten Sicherung ihres Le-
bens zugesagt/ Aber Hertzog Hermans
Ehgenos/welches als ein männlich Weib/
sich im geringsten nicht kleinmühtig hat
vermercken lassen/ auch nicht geweinet/
noch einiges verzagtes Wort geredt/ward
mit gen Rom geführet/da sie kurtz hernach
eines jungen Sohns genesen/ der Tume-
lech genennet/ und zu Ravenna aufferzo-
gen worden. Hertzog Herman ward durch
die Hinwegführung seines Weibes noch
mehr wider die Römer ergrimmet/ erre-
get derowegen die Cherusken/ Westphalen und Hartzländer nochmahls wider
seinen Schweher Sieggast auff/ sagte ihnen viel von ihrer alten Freyheit/und wie
sie so schändlich nicht durch der Römer
Gewalt/ sondern vielmehr durch etliche

ihrer

ihrer Landsleute Zaghafftigkeit / Untreu
und Veradhterey darumb gebracht wor=
den/ etc. Und machte mit solchen und der=
gleichen Reden/ daß viel sich zu ihm schlü=
gen / darunter auch der Ingewoner seines
Vatern Bruder war / der es doch für der
Zeit immer mit den Römern gehalten.
Derwegen muste sich Germanicus besor=
gē/der Krieg wurde ihm auch (da er der sa=
chen länger nach= und zusehen wurde / gar
zu schwer werden/fertigte derhalben aber=
mahl den Cecinnam ab mit vierzig Co=
horten/das seyn bey acht und zwanzigtau=
send Römer zuFuß sich an die Emmis zu
legen/ und die Feinde des Orts/ daß sie nit
zusammen komen konten / zu hindern und
zu trennen. Den Häuptman Pedonem
aber sandte er mit dem Reisigen Zeug auf
Frießland/ daselbst auff die Schantz Ach=
tung zu geben / und zog er mit vier Legio=
nen auch in die acht und zwanzig tausend
starck zu Wasser / und kam auch an die
Emß zu den andern. Die Chauci begeh=
reten der Römer Bündniß / und wurden
bald auffgenommen/ das verdros die Bru=
cteros. fielen derhalben zu/ und verbrand=
ten

ten ihnen ihre Dörffer und Wohnungen/
da solches Germánicus innen ward/ ordnet er den Háuptmann Lucium Stertinium mit einem Volck wider die Bructeros/
(die Münsterschen und Osenbrügge) die
wurden erlegt/ und bekam Stertinius wiederumb den Adler/ oder Haupt-Panier der
ein un zwantzigsten Legion unter Varo ver-
lohren/ und zog darauff fort und verheeret
alles zwischen der Ems und der Lippe. Und
soll diese Schlacht geschehen seyn/ wie Tacitus meldet / nicht fern von Dusberger
Walde wenig Meilen von Dusseldorff im
Lande zu Bergen. Als nun Germanicus
neben dem gantzen Heer die Wahlstadt/ da
Varus erschlagen worden / wol beschauet/
und den Erschlagenen/wie obgedacht / ein
Monument auffrichtē lassen/ hat sich Hertzog Herman mit den Seinē an einem Ort/
dahin nicht wol zu kommen/versteckct/aber
Germanicus folgete ihm auff dem Fuß
nach/ Hertzog Herman nam darauff das
ebene Feld ein/ daraus ward er aber durch
der Römer Zeug wieder zurück gedrungen.
Da nun Hertzog Herman vermercket/daß
ihn Germanicus nicht erlassen wolte/ stelle-
te er sich mit seinem Heer / als wolte er mit
ihnen die Flucht nach dem Gehöltz nehmen/
wandete sich aber bald unversehens gegen

die Römer/un gab denen/so er in den Wäldern versteckt hatte / ein Zeichen heraus zu
fallen. Da das die Römer sahen/wurden
sie bestürtzet/un setzeten derhalben mit mehr
Volcks zu ihnen ein / da thäten sich die
Deutschen gar herfür/und jagten das Römische Kriegsvolck in die Sümpffe und
Lachen / daß sehr viel darinnen verdorben /
und hätte Germanicus nicht selbst die Legionen in eine Ordnung gebracht/ so wäre
er dazumahl gar untergelegen / aber also
gieng es noch ohne sondern grossen Schaden ab. Und führete Germanicus das
Volck den nechsten wieder an die Ems/und
schicket auch ein Theil seines Reisigen Zeu-
ges an den Rhein. Der Hauptman Cecinna war mit seinem Kriegsvolck auch in
ein Morast / und sumpffige Orten zu stecken komen/daraus dann wieder zukomen/
ließ er die alten zerbrochene Brücken und
Stege/ so der Hauptman Lucius Domiti-
us hiebevor daselbst hatte machen lassen/
wieder repariren/ und legte sich daneben zu
Felde. Aber Hertzog Herman überfiel die
Bauleute/ und jug sie hinweg/die Kriegs-
Leute konten ihnen auch von wegen der Un-
gelegenheit des Orts nicht helffen / denn es
war alles sumpffig/und hatten gar schwere
Rüstung/daß sie nirgend aus komen konten.

ten. Hertzog Hermans Volck aber waren
der Pfützen und Sümpffe gewohnet/ und
hätten dißmahl den Römern grossen Abbruch gethan/wo nicht Cecinna mit beson-
derer Bescheidenheit und kühnlicher Man-
heit sie beschützet hätte : Dann er war ein
wol geübter und erfahrner Kriegs-Held/
der in die viertzig mahl zu Felde mit beym
Ernst gewesen war / aber gleichwol rissen
hierüber die Deutschen alles ein/ was die
Römer gebauet hatten. Cecinna bedach-
te darauff am rahtsamste zu seyn/die Deutschen mit Gewalt also in die Wälder zu
treiben / daß sie sich nicht wieder heraus
machen dürfften / biß die Römer / so im
ScharmützelSchaden genommen hatten/
oder sonst mit schwerer Rüstung beladen
waren/ vorhin ziehen/und also aus dem Ge-
morig kommen möchten/ denn es war daselbst zwischen den Bergen und Seen zim-
licher Raum/daß sich ein Heer itzt hätte dahin setzen mögen/dazu verordnete er vier Legionen / die fünffte Deutsche genandt zur
Rechten/ die neunzehende Gallische zur
Lincken/ die erst Gallische/ derer Zeichen
(o) gewesen/zufoderst den Hauffen zu füh-
ren/ und die zwantzigste auch Gallicam ge-
nandt/ im Hinterhalt denen/ so ihnen nach-
folgen mochten/ zu wehren. Sie hatten
da-

dazumahl eine müheselige und unruhige
Nacht/ die Deutschen assen/trunken/wa-
ren guter und frölicher Dinge/ sungen/ uñ
schrien greßlich darzwischen / daß es in
Thälern und Wäldern erschallet / dagegē
hätten die Römer schwach Feuer / redten
kräncklich / lagen hin und wieder ûmb die
Wagenburg / giengen auff und ab / und
waren hart bestürtzet. Alsbald es nun
Tag war / trachtete der Häuptman darauff mit grosser Sorgfältigkeit/ und thät
auch alsbald dazu/daß er sein Kriegsvolck
aus dem Morast an die Seiten auff eben
Feld brachte. Hertzog Herman nam deß
allen wol wahr / was Cecinna fürhatte/
und da er vermercket / daß der Feind mit
den Wagen und dem Vieh nicht fortkom-
men könte/sondern in Gräbern undSüm-
pfen also bestecken blieben / daß sie weder
hinter noch für sich wusten / und darüber
dermassen aus der Ordnung kamē/ daß sie
nit zu achten waren / da vermahnet Hertzog Herman sein Volck / die Römer freudig anzugreiffen/dann sie diesenTag nicht
weniger Glück und Ehr dann zuvor am
Varo geschehen erjagen wolten / es könte
und

und müste ihnen nun keiner entkommen/
Hiemit hieb er zu den Römern ein / zer-
trennet ihre Ordnung vollend/und ließ alle
die Pferde zu Boden stechen / viel / so
bald sie verwundet worden/wurffen sie die
Reuter ab/ lieffen tobend davon/zertraten
was im Felde lag/ und stiessen zur Erden/
wer ihnen entgegen kam/kam auch so weit/
daß es ümb der Römer Haupt-Panier
den Adler Mühe und Arbeit gewan/dann
die Deutschen sich hart darnach bemühe-
ten / und hinwieder die Römer solches nit
gern den Feinden wolten in die Hände
kommen lassen. In dem sich nun Cecinna gar männlich hielt / und zum höchsten
bemühete der Römer Heerspitzen zu erhalten / ward sein Pferd unter ihm erstochen / und ob er wol unverletz herab kam/
ward er doch von den Deutschen also ümb-
ringet daß er nicht davon hätte kom̄ kön-
nē/ wo er nicht von der ersten Legion entse-
tzet worden. Hernach fordert Cecinna das
Kriegsvolck alle zusammen/ und als er sie
gestillet/erinnert er sie der Zeit und Noht/
so dazumahl verhanden/mit Ermahnung/
daß sie in Betrachtung ihrer eigen Wol-
fahrt/

fahrt ein Hertz faſſeten / und ſich ritterlich
wehrten/ damit aber ſolches bedächtig ge-
ſchehe/hieß er ſie ſtille im Lager verharren/
biß ihnen der Feind näher käme / und alsdann mit Gewalt auff allen Seiten hin-
aus fallen/ ſo konten ſie dem Feinde etwas
ſtattliches abbrechen / und alsdann in einem rück den Rheinſtrom erreichen/ da ſie
ſonſten mit dem entzeln weichen dem Feinde an ſolchen ungelegenen Orten ſchwer-
lich entkommen würden / derowegen
ſie bedencken ſolten / was ihnen daheim
lieb/ und im Felde rühmlich wäre. Nach
geſchehener Vermahnung ſchenckte er de-
nen/ſo ſich zuvor redlich und wol gehalten/
und etwas außgeſtanden hatten/ der Leu-
tenanten und Feldwebel Pferde/der Meynung / daß die Kriegsleute deſto behertzter
werden ſolten / wann ſie ſehen würden Ihre Oberſten zu Fuß den Feind angreiffen.
Die Deutſchen hatten hinwieder auch viel
Bedenckens/wie den Sachen ein Ende zu
machen/ und kunten ſich doch die Oberſten
nicht vergleichen/welcher Geſtalt man die
Römer überfallen ſolte. Hertzog Herman
ſahe für gut an / daß man alſo lang war-
tete/

:ete/ biß sich die Römer wieder aus ihrem
Feldlager begeben / so konte man sie ohne
grosse Gefahr wieder in das Gemörig ja-
gen/ und ihrer mächtig werden. Der Ingewoner aber rieht/ man solte die Römer
belagern/denn weil sie nicht sonderlich fäst
sich verschantzet hätten/wäre leichtlich das
Lager zu gewiñen/so hätte man desto mehr
Gefangene/und dazu desto bessere und rei-
chere Beute zu gewarten. Diesem Für-
schlag war gefolget / gegen dem Tage die
Graben an der Römer Wagenburg an-
gefallen / und der Sturm angelauffen/
darüber kamen die Deutschen auf der Römer Wall/ als sie nun wenig / so sich zur
Wehre stelleten/ daselbst funden/ meynten
die Deutschen/ die Römer wären gar ver-
zagt/und erschrocken/ aber ehe sie sichs ver-
sahen/ schlugen die Römer Lerm / bliessen
zu Sturm/uñ fielen rücklings in die Deutschen / umbringeten dieselben / und rieffen
ihnen zu / man wäre hie nicht in Sumpf-
sen und Wälden/ wie zuvor/ da die Deutschen ihren Vortheil gehabt/ nun solte das
Glück sich auch einmahl auff der Römer
Seiten sehen lassen. Da nun der Kampff

am

am hefftisten war / musten die Deutschen
wieder/ wo sie kunten/ entweichen. Hertzog Herman kam ohne Schaden/der Ing-
wohner aber hart verwundet davon. Das
gemeine Kriegsvolck aber ward geschla-
gen/ und gewürget/ so lange der Zorn/und
Tag gewähret/doch verlohren die Römer
auch viel guter Leute / und wurden noch
mehr unter ihnen hart verwundet. Es
brach dazumahl ein Geschrey aus/als hätten die Deutschen der Römer Heer umb-
ringet / daß dieselben weder hinter / noch
für sich komen konten/ wäre auch ein grosser Hauffe Deutschen im Unzug auff die
Gallier. Daraus kam solche Furcht unter die Römischen Kriegsleute am Rhein/
daß etliche die Brücke wolten abwerffen/
wäre auch geschehen / wo des Germanici
Gemahl die Agrippina solches nicht gewehret hätte. Denn die war so ein männli-
ches Weib/wie Plinius und Tacitus schreiben / daß sie an die Brücken getreten / und
den Flüchtigen gewehret hat/ denen aber /
so vor den Römischen Legionen aus dem
Deutschen Kriege wieder kommen / schön
gedancket / den Armen Geld und Klei-
dung/

ung/ den Beschädigten Artzney / und an-
ere Nohtdurfft gnädiglich gereichet. Ob
nun wol Käyser Tiberius seinen Vettern
Germanicum aus Deutschland abgefor-
ert hatte / der Meynung / daß er Ihn in
Armenien/da auch Krieg fürgefallen/ver-
schickten wolte / so rückte doch Germani-
us dem Hertzog Herman/ oder Harmi-
iio nach/in Willens/weil ihm das Glück
n die Hände kommen war / dem Kriege
vollend ein Ende zu machen / Ließ derwegen eine stattliche Schiffrüstung bereiten/
und in Holland zusammen bringen/ mitt-
er weile schickte er seinen Leutenant Silium wider die Catten/denselben einen Einfall zu thun / aber grossen Ungewitters
halben/ richtete Silius nicht mehr aus/den
daß er mit einer geringen Beute Hertz
Erffen der CattenFürstenWeib uñ Toch-
er hinweg gebracht. Diesen Erffen nennet Tacitus Arpum , ist der Name Ari-
po oder Erpo in vielen Historien bräuch-
ich. Germanicus zog für ein Haus an der
Lippe / da dieselbe in den Rhein fleust / ge-
egen / also (jetzt Wesel) geheissen / aber
die in der Besatzung flohen davon / ehe er
kam/

kam/und liessen das Haus ledig steh
terdeß kamen die Schiffe auch vom
Meer an die Ems/ die Holländer
stunden sich wol solches zu wehren/
vergebens. Wie nun die Zeitung kam
auch die Engern abgefallen wären/
te Germanicus den Stertinium wit
selben/ der mit Brand und Mord
chen Schaden that. Er aber kam n
nem Volck an die Weser / und r
Deutschen in ihrer Ordnung daselb
ten / ließ Germanicus durch Sterti
und Æmilium den Reisigen Zeug
den Furth überfahren/ die fielen an
en Orten ein/ in Meynung die Deu
zu trennen/ inzwischen setzet Gie
(Cariovalda) der Holländer Häup
so auch bey den Römern war/ dur
Weser an einem Ort/ da sie am sch
sten lieff/ vermeynet also in die Cher
zufallen/ und dieselben zu übereilen.
stelleten sich die Cherusken/ als wol
die Flucht geben/ uñ lockten also den
wold auff einen Platz daselbst unter
Walde gelegen; Ehe man sich aber
sahe/ wendeten sie sich / und schluge

Gewalt auff die Holländer hinein/daß sie
ch nicht länger auffhaltē könten/sondern
nit Schanden die Flucht nehmen müsten/
nd als sie in der Flucht sahen / daß sie nit
davon kommen konten / rückten sie zusammen über einen Hauffen / der Meynung/
ch mit Gewalt durchzuschlagen/oder bey
inander zu bleiben. Als sie nu so gar hart
ngegriffen wurden / vermahnet Gier-
wold die Seine das beste zu thun / rennet
uch selbst im Grimm unter die Cherus-
en/ da sie am dickesten hielten / ward aber
lso erschossen / und sein Pferd unter ihm
rstochen/daß er umbfallen/ und auff dem
Platz bleiben muste mit viel ehrlichen Rö-
nischen Adel / und hatte man dem Sterti-
io und Æmilio nicht mit sonderlicher
rosser Entsatzung davon geholffen/so wa-
r es ihnen gleich auch also ergangē. Nach
iesem erlittenen Schimpff zog Germa-
icus über die Weser/uñ ward von einem/
er aus der Deutschen Lager feld-flüchtig
worden war/ berichtet/ Hertzog Herman
ätte schon beschlossen/ auf welcher Mahl-
att er den Römern eine Schlacht lief-
rn wolte/ und daß sich auch derhalben
                                    das

das Landvolck mit ihrē Nachbarn in der
Hercules-Walde versamlet/ und zu hau
se gethan hätten/und so keck wol seyn dür
fen/ eben die nechst-kommende Nacht di
Römer zu überfallen/uñ mit dem Sturm
anzugreiffen. Germanicus verachtete die
sen Bericht nicht allerdings/dann man s
he auch gegen Abend die Deutschen Feue
halten/ so brachten auch die Kundschaffe
so biß an der Teutschen Lager geritten
waren die Zeitung / daß sie von Pferde
und Leuten ein groß Getümmel gehöre
hatten/ und gewiß etwas sorgliches mußt
verhanden seyn. Die Deutschen kame
darauff ohngefehr nach Mitternacht a
der Römer Lager/funden s aber allenthal
ben in allen Schantzen/und waren wol be
setzet / und mit der Wache zum fleissigste
bestellt. Nun hatte Germanicus di
Nacht einen solchen Traum / das ihn
dauchte/ wie er seinen Göttern geopffer
hatte/ und ihm darüber sein Ehren-Klei
mit Blut vom Opffer besprützet worden
und daß ihm doch dagegen seine Groß
mutter die Käyserin / ein viel schönere
Kleid mit ihren eigenē Händen überzeich
hätte

ätte. Aus diesem Traum und andern
Glück-Zeichen mehr fassete Germanicus
in Hertz/ und verhoffte die Deutschen ob-
eglich zu schlagen / fordert sein Heer zu-
ammen / und hielt ihnen für / was er zu
hun in Willens/ und was er auch für gu-
e Gelegenheit die Deutschen anzugreif-
en hätte/ sonderlich weil sie die Römer jetz
en Vortheil hättē/ dz nit allein/ das ebene
Feld/ sondern auch die Häyne/ und Wäl-
e/ wann man nur vernünfftiglich fahren
wolte/ gut und bequem seyn wurdē. Sag-
e von der Deutschen Rüstung/ daß sie wol
ungeheure grosse Spiesse führten / aber
agegen kleine Schilde hätten sich zu schü-
ē/ darumn solten sie ihnen nur gertost nach
em Angesicht ramen / unverzagt drein
echen und hauen/ dañ es wären die Deut-
be nackende blosse Leute / hätten weder
Harnisch noch Helm / noch einige eiserne
Rüstung/ sondern nur Pantzer von Wei-
en / und andern Ruhten zusam-
en geflochten/ und kleine dünne ge-
ahlte Bretter/ sampt forn am Feuer zu-
espitzte Stangen / wären im Angrieff
bse/ gebens aber bald wolfeiler/ hättē auch

K   wol

wol das Ansehen/ als starcke Leute/konter
aber nicht viel wunden dulden oder leiden
scheueten sich auch nicht ohn alles Beder
cken/ und Gehorsam/ die Ordnung zu bre
chen / und die Flucht zu nehmen / gieng e
übel/ so wären sie gar verzagt/ gieng es ir
nen dann wol / so vergessen sie beyde de
Göttlichen und Menschlichen Rechtens
wolten nun die Römer der Mühe uñ Ar
beit / die sie etzliche Jahr hero in Deutsch
land auff dem Hals gehabt/ abkommen
und einmahl Ruhe finden / so sol ten sie je
tziger Gelegenheit wahrnehmen/ Dißma
kontē sie dem Handel gar abhelffen/so fer
sie nur ritterlich fechten und streiten wür
den/sie wären ja nunmehr so weit ins Lan
kommen/daß sie näher an die Elbe/als ar
Rhein hätten/ und nun leicht ihnen das i
brige kunten unterthänig mache / vermah
nete sie derohalben treulich / bey ihm hir
nein zu setzen / und den Sieg in dem Lant
und an den Orten helffen zu erhalten/ un
die Deutschen wieder zu schlagen/da sie e
wa für Zeiten seinen Vater Drusum un
seines Vaters Bruder Tiberium hart e
egt und geschlagen hätten/mit solcher R

e und Erinnerung voriges empfangenes
Schadens/ ward das Röm. Kriegsvolck
ewegt/ daß sie mit freudigen Muht zur
Schlacht resolvirten/darzu auch alsbald
uffgeblasen worden. Hertzog Herman
nd die andern Deutschen Obersten Feld=
Herren hielten auch nicht weniger mit
Bitten und Ermahnen bey ihrem Kriegs-
olck an/ sich ritterlich zu halten/ und Eh-
e einzulegen/ denn diese ihre Feinde wä-
en die allerverzagtesten Römer/die in der
Varianer Schlacht nicht hätten stehen
ollen/ hätten Ach ihre Wahrzeichen/
aß sie flüchtige Huren=Söhne wären/
uff ihren Rücken und Achseln darzu-
un; zu dem wäre es ein matter Hauffe/
m leichtlich abzubrechen/konten sich für
osser Müdigkeit nicht wehren/ hätten
ich ungnädige Götter/und keines Glücks
gewarten/über das alles konte man aus
rem Anzuge abnehmen/ wie furchtsam
d zaghafft sie wären/ denn sie nicht ver-
bens zu Wasser so weite umbschweiff
sucht/ und an ungewöhnlichen Enden
lendet/ Weil man sie dann nun auff
yer Erden hätte/ solte man weidlich an

K ij   sie

fie ſetzen / und keinen wieder zu Waſ
kommen laſſen / auch ſolte man bedencke
was für Hoffart/Geitz und Grauſamk
ſie die Römer bißher an den Deutſchen
übet hätten/ ſtunde derhalben darauff be
man nun entweder mit ritterlicher Fau
die alten löbliche hergebrachte Deutſc
Freyheiten erhalten/ oder aber redlich ſte
ben muſte / wolten ſie anders nicht mit
wigen Schanden der Römer leibeig
werden und bleiben.   Da nun durch ſ
ches zureden das Kriegsvolck auff beyd
Theilen erhitzet / uñ gar begierig zum A
griff gemacht war/iſt das Kriegsvolck a
ein Feld / (welches Tacitus Idiſtaviſu
vielleicht die Oeſt-weide nennet) gefü
ret worden/welche Geſilde faſt mitten zu
ſchen der Weſer und dem Gebirge lig
ſol. Die Deutſchen haben das eben Fe
und das Vorholtz inne gehabt / ohne
Cherusken / welche in der Höhe gehalt
der Meynung / ſo bald das Treffen an
hen wurde / von hinten in die Römer
fallen / nun ward der Römer Schlac
Ordnung dazumahl alſo angeſtellt /
Gallier und Deutſchen / ſo mit den D
in

ern in Verbündniß stunden/hielten forn
der Spitzen/ darnach die Schützen zu,
iffe/ folgends vier Legion Römisches-
:iegsvolcks in die acht und zwantzig tau-
d starck/ mit zweyen andern Hauffen
Fuß/ die auff Germanicum insonder-
t zu warten verordnet waren/dem auff-
esenen reisigen Zeuge folgete darnach,
rmanicus selbst mit zween Römer Le-
nen/ und mit dem leichten Hauffen/,
d den Schützen zu Roß/ auch den an-
n Hauffen der Römischen Bundge-
sen. Wie nun die Römer gern gese-
hätten/ daß man zum Angriff gethan/
d die Spitzen dazu geordnet hätte/ wer-
sie ohngefehr der Cherusken gewahr/
d die gantz frech herein gebrochen/ in
lens in den stärckesten reisigen Zeug der
ner zu fallen. Da schickte Germani-
den Stertinium mit einem sonderlichö
uffen die Cherusken zu umbringen/
r von hinten anzugreiffen/mit der Ver-
tung/sich zu rechter Zeit auch einzu-
len. In deß erzeiget sich den Römern
glücklich Zeichen/ dann sie sahen acht
ler gegen dem Holtz fliegen/so bald Ger-

K iij   ma-

manicus derselben gewahr ward / rieff er/
man solte forthauen / und den Römischen
Vogeln folgen / denn es wäre ein gewiß
Zeichen/ daß die Götter/ so sich der Römischen Legion annehmen wurden / verhanden wären / also fiel das Fußvolck zu den
Deutschen ein / und schicket Germanicus
den Reisigen Zeug von hinten / und auff
den Seiten in die Deutschen zu dringen /
und ihnen Abbruch zu thun. Hiemit tra-
fen beyde Heer zusammen / und war eine
Schlacht/zween Hauffen Deutsche wurden in die Flucht gedrungen sehr unglei-
cher weise / dann die das Holtz innen gehabt / wichen heraus ins blosse Feld / und
die im Felde gehalten / nahmen die Flucht
in den Wald / die Cherusken / so zwischen
beyden Hauffen / wurden durch die Römer mit Gewalt von der Höhe aus ihren
Vortheil gedrungen / und unter denselben
hielt Hertzog Herman/thät auch das beste
den ob er wol hart verwundet war/hielt er
doch mit Hand und Mund an/daß die Cherusken Fuß halten möchte / und drang mit
Gewalt der Römer Schützen/ hätte auch
durch sie gebrochen / wann nicht der Rhe-
tier

er, Vindelicier und Gallier Regiment
r Fähnlein fürgeworffen hätten; doch
ar er so starck/ daß er mit Hülff seines
eidlichē Gauls gantz hindurch/uñ davon
m / war auch unter seinē Angesicht von
inem eigen Blut und Schweiß also be-
delt und verstellet/ daß er nicht leichtlich
erkennen war. Etzliche sagen/die Chau-
/ so dazumahl als Bundgenossen auff
r Römer Seiten gewesen/ hätten ihn
ol erkandt/ aber doch gern davon komen
ssen. Dergleichen ist auch Fürst In-
woner nicht/weiß man/obs durch List o-
r männliche That geschehen/davon kom-
en/ die andern Deutschen sind jämmer-
h erstochen und ümbbracht/ viel/ so sich
terstanden/ über die Weser zu schwim-
en/ sind entweder im Wasser erschossen
orden/ oder ertruncken/ oder von den todt-
n Cörpern/ so auff sie gesessen/ oder von
fallenden Pferden unterdruckt worden/
iche/ so ihr Leben wolten retten/ stiegen
uff die Bäume/ vermeynend/ sich unter
m Laube zu verbergen/ aber der Rö-
er Schützen so hernach eileten/ schossen
wie die Vogel von den Bäumen/ oder

K iiij   rissen

Reisen/ und hieben die Bäume umb/ daß
sie sich zu todt fallen musten. Tacitus
schreibet lib. 2: annalium, diese Schlacht
sey ohn allen Schaden der Römer ergan-
gen/ und habe gewähret von der fünfften
Stunde des Tages/ biß in die Nacht/ darüber viel Volcks erschlagen worden/ daß/
wol zehen welsche Meilweges lang uñ breit
der todten Deutschen Cörper und Wehren
gelegen/ darunter auch viel eisern Ketten
gefunden/ die sie gewißlich darumb mit ge-
nommen/ daß sie die Römer/ wann sie den
Sieg erhalten/ daran gebunden mit geführet haben wolten/ denn sie hätten ihnen den
Sieg gar zu gewiß eingebildet/ deß Orts/
da diese Schlacht geschehen/ hatten die Römer einen Damm oder Wall geschüttet.
Darauff allerley Siegszeichen gestecket/
mit Unterschreibung der Namen der Deutschen Völcker/ so in diesen und vorige Krie-
gen von ihnen erschlagen worden. Den
Deutschen that der erlittene Schade und
Verlust sampt den empfangenen Wunden
nicht also wehe/ als daß sie den elenden Zu-
stand der Ihrigen/ und der Römer trium-
phiren anscheuen und anhören solten,
waren derohalben entschlossen Hauß ünnd
Hof stehen zu lassen/ und über die Elbe zu
weichen/ und daselbst andere Wohnung zu
sucher

suchen/ ergrimmeten aber doch über solches,
Bedencken in gemein/ Jung und Alt/ Herren und Unterthanen / daß sie sämptlich
noch einmal zuvor an den Römern sich ver-
suchen wolten / fuhren derhalben unversehener Sachē auffgriffen zur Wehre/ fielen
unter der Römer Hauffen/ und trenneten
dieselben / ersahen auch bald einen Ort zu
ihrem Vortheil/ nemlich einen engen feuch-
ten Platz / mit Gehöltz und Sumpffen be-
schlossen/ denn ein eben tieffer See ümb das
Holtz hergieng biß auff eine Seite / welche,
die Engern sich von den Cheruskē zu schei-
den / mit einem breiten Damme verschüt-
tet hatten / daselbst hielt nun der Deutschen
Fußvolck/ den reisigen Zeug aber hätten sie
hin und wieder in die Hain und Höltzer ver-
steckt/ der Meynung/ wann der Römer Legion und Heer zu ihnen eindringen wolten/
rücklings in dieselben zu fallen.

Nun ward dem Germanico solches alles verkundschaft/ uñ waren ihm der Deutschen Anschläge unverborgen/ richtet derhalben seine Sachen darnach / daß die
Deutschen dessen Meynung Fromen hatten. Denn er befahl seinem Leutenant/
Seio Tuberoni/ mit dem reisigen Zeug
das eben Feld einzunehmen/ er aber ordnet
das Fußvolck/ daß ein Theil von demselben

K v   glei-

gleiches Fuſſes auff den Wald zog/das an-
der über vorgedachten Dam̃ zu den Deutſchen hinein fallen muſte/ wo es nun dama-
len am ſchwereſten und gefährlichſtē war /
ließ er ſich finden/ deß andern ließ er ſeinen
Befehlhabern abwarten. Die nun im e-
benen Felde waren/ brachen/ unnd kamen
leichtlich in Wald / die aber den Damm er-
lauffen ſolten / wurdē hart darüber erſchoſ-
ſen und geſtochen/ und ward ihnen nichts
wniger ſaur/ als wann ſie eine Mauer hätten erſteigen ſollen. Hieraus vermercket Germanicus bald / daß ſeine
Leute nicht mit Vortheil ſo nahe mit den
Deutſchen treffen wurden/ derohalbē führet er die Legionen ab / und richtet alsbald
zugleich die Schützen uñ Schleuderer auff
die Deutſchen / und ließ gewaltiglich zu ihnen einſchieſſen/ und je mehr ſich darüber
die Deutſchen herzu naheten/ den Damm/
oder Wall zu retten / je mehr und hefftiger
ſie darob verwundt und niedergeſchoſſen
wurden/ uñ ward zuletzt der Wall darüber
erobert/ daſelbſt herab / fiel Germanicus in
das Gehöltz / und kam alſo mit den Deutſchen zu ſchlagen/ denn keines kund dem andern weichen/ die Deutſchen waren von
hinten mit einem See/ die Römer mit einem flieſſenden Waſſer/ und dem Gebirge
umb-

ümbschlossen/und wurden also beyderseits
gezwungen/eine Schlacht zu treffen/beyde
Theile hätten Hoffnung Ehre einzulegen/
es war auch allen beyden Theilen alle Wolfahrt am künfftigē Sieg gelegen. Es stand
in Summa auff gewinnen oder verlieren/
genesen oder verderben. Die Deutschen
waren ja so freudig als die Römer/aber mit
der Rüstung und Gelegenheit des Streits
waren ihnen die Römer überlegen/deñ der
gröste Hauff der Deutschen konten von wegen des engen Orts ihre lange Spiesse nit
gebrauchen/ auch nicht hinzu / noch wieder
zurück springē/sondern müssen stracks auff
einer Stette der Püffe erwarten/und ihrer
Faust sich behelffen/ Dagegen die Römer
auff die Deutschen drangen/ sie bey ihren
Schilden erwischten/und ihre Wehre und
Messer den Deutschen ihre breite Glieder
und unbewehrte blosse Angesichte/ so weit
sie gehen wolten / hinnein druckten
und stiessen / unnd also durch Niederle-
gung vieler Deutschen ihnen einen Weg
machten. Hertzog Herman war in dieser
Schlacht nicht mehr so hurtig/wie zuvorn/
entweder daß der Unfälle und Gefährlig-
keiten zu viel auff einander komen/oder daß
er von den Wunden / so er in der vorigen
Schlacht empfangen hatte/gehindert worden.

den. Der Fürst Ingwoner war im Heer
hin und wieder / und bemühete sich genug /
aber es wolte nicht seyn noch helffen / fehlet
ihm also mehr am Glück/denn an Tapffer-
keit. Da nun Germanicus sahe/ daß das
Glück sich gar auff seine Seiten neigete/
schlug er das Helmlein auff / damit ihn jederman erkennen mochte/vermahnet die Römer stet anzuhalten / und ohne Barmhe-
tzigkeit in die Deutschen zu schlagen/ denn
sie durfften sie nicht gefangen nehmen/wan
man sie gar erschluge/ so würde des Krieges einmahl ein Ende. Also währet die
Schlacht biß auff den Abend/ da ließ er die
Römische Legionen abfodern das Lager zu
schlagen/die andern Hauffen aber schlugen
sich an den Deutschen biß in die finstere
Nacht gantz müde / der Römer reisiger
Zeug aber hätte nicht so gut Glück in dieser
Schlacht/ als das Fußvolck/ und soll diese
Schlacht geschehen seyn zwischen der Ems
und der Weser in der Graffschafft Diep-
hold am See/der Dummer genandt. Nach
außgebrachter Schlacht lobet Germanicus
ein gantzes Heer / das sieghafftige Kriegs-
volck/ daß sie sich so ritterlich gehalten/ und
so männlich gestritten hätten / ließ einen
Steine zusammen setzen/mit einem solchen
prächtigen Titul und Uberschrifft.

DEBI-

DEBILITATIS INTER RHE-,
num Albimq; Nationibus Exerci-
tus Tiberii Cæsaris hæc monimenta,
marti & Jovi, Augusto sacravit:

Das ist:

Nach dem die Völcker z ischen dem
Rhein und der Elbe bekriegt/ un überwun-
nen worden/ hat des Käysers Tiberii Krie-
gesvolck dieses GedenckZeichen dem Marti und Jovi/ und dem Käyser zu Ehren gese-
et und geweihet. Germanicus gedachte
eines eigenen Nahmens in dieser Sieg-
Schrifft gar nicht / entweder darumb/ daß
er besorgete/ er möchte ihm damit einen Un-
limpff machen/ oder daß er dafür hielt/ daß
ym ein ehrlich Mann ohne eigen Ruhm
aran soll genügen lassen / daß er mit
oißen anders nicht dann redlich und auff-
ichtig gehandelt / Hierauff ward dem
Stertinio wider die Engern zu ziehen be-
ohlen / aber sie ergaben sich auff Gna-
en/ und erlangeten/ was sie begehrten. Da
un der Sommer bald fürüber war / und
Germanicus zu Lande etliche Legionen in
as Winter-Läger hatte gesandt/ gieng er
eit dem übrigen zu Schiff/ der Meynung
uff der Ems in die See zu fahren/ aber
ald kam solch Ungewitter/ daß viel Schiffe

fe mit dem Volck und allem / was darauff
war/ zu Grunde giengen/ viel in Engelland
und andere fernere Insulen verschlagē wurden / es kam auch etliche an die Enden / da
sie keinen Menschen noch einige Nohtdurft
funden / und derowegen viel Hungers sterben mustel ohne was etliche von Todten
verstanden/ so das Meer außgeworffen/ sich
enthielten. Des Germanici Schiff kam
allein uobeschädiget an das Chauchen-
land an/ (ist das grosse Land von den Frie-
sen herab von beyden Seiten der Weser/
biß an die Elbe oder Cattos/ oder Hessen/
da heutiges Tages die Stiffte der Ertz und
Bißthümen Bremen/ Verden/ Minden/
und das Land Lüneburg/ rc. ligen/ wie solche alle Gelehrte/ alte und neue / als Stra-
bo/ Tacitus / Plinius / Ptolomäus / Philippus Melanchthon/ D. Peucerus an der
verbesserten Chronic Cazionis/ uud Alta-
menus/ rc. einen gnugsamen Bericht erstat-
ten) Aber ihm geschach an diesem Verlust/
so wehé/ daß er viel Tag und Nacht anders
nicht klagte / dann daß er grosse Schuld an
diesem Schaden truge / uund hattens ihm
seine gute Freunde nicht aus dem Sinn ge-
redt/ er wäre auff derselben auch geblieben/
und gestorben. Da nun die Fluth verlauf-
fen / und die grossen Sturmwinde sich ge-
legt

:gt hatten / brachte Germanicus etliche
Schiffe wieder zusammen/ ließ die flicken
:nd beſſern/ und die andern/ ſo noch verlo-
en /. auch ſuchen/ und das Volck alſo
vieder zu Hauff zu bringen / deren
tliche gefangen/ und von den Engern/ der
Römern zum beſten gelöſet / etliche aus
Engelland und andern Orten dem Ger-
nanico wieder zugeſchicket worden. Die-
: Zeitung / wie Germanicus ûmb ſeine
Artollerey und Schiffrûſtung kommen
par/ machte den Deutſchen wieder ein
Hertz/ daß ſie verhôfftē mit beſſerm Glück
en Germanicum zu bekriegen / dann zu-
or geſchehen. Germanicus ward da-
urch bewegt ſeine Sachen auch zu beob-
chten/ ſchickte derwegen Cajum Silium
ait dreyßig tauſend zu Fuß/und dreytau-
:nd Reiſigen wider die Catten / und zog
r mit dem groſſen Hauffen auff die Mar-
:n derſelben Hâuptman Malorend Me-
ovendus) hatte ſich neulich zuvor an die
Römer ergeben/ und angezeigt/ wie nicht
:rn võ der Mahlſtatt der Römer Haupt-
fâhnlein eins/in der Varianer Schlacht
erlohren worden / vergraben durch einen
:einen Zuſatz Deutſchen bewachet unnd

verwahret wurde / darauff schickte Ger=
manicus bald zweene Hauffen Krieges=
Leut an denselben Ort einer / der die Deut=
schen von forn angreiffen / und auffreiben.
solten / die andern von Seiten in die Deut=
schen zufallen / dieses glückte den Römern /
So folgete er selbst hernach / verheerete uñ
zerschleiffte alles / und trieb die Deutschen
allenthalben / wo sie sich zur Wehre stellen
wolten / in die Flucht / und sind die Deut=
schen hierunter sein kleinmühtig worden /
aber doch gleichwol sich allerdings nicht
ergeben wollen / inzwischen befurchte sich
Käyser Tiberius / sein Vetter Germani=
cus mochte zu groß werden in Deutsch=
land / schrieb ihm derhalben einen Brieff
nach dem andern / darinnen er ihn wieder
gen Rom zu kommen beordret. Ob nun
wol Germanicus nicht mehr dann ein ei=
niges Jahr Frist bate / die Sachen in
Deutschland vollend zum Ende zu bringen
gen / konte er doch nichts erhalten / muste
also wider seinen Willen in Welschland
kehren / und kam am Ende des 18. Jahrs
nach Christi Geburt gen Rom / da ist ihm
folgendes Jahr / dē 26. May ein Triumph
von

von wegen der überwundenen Deutschen
Völcker zuerkennet worden/ dariñen er etliche Deutsche Fürsten und Fürstinnen
schau geführet/als Sigismunden/ Hertzog
Sieggasts Sohn/ Fürst Siegsdagen/
Hertzog Siegmeyers Sohn/und desselben
Gemahl/ Fr.Ramis/ Item Fürst Diede-
rich/ Hertzogen Bendrichs.Sohn/ auch
des Hertzog Hermans Gemahl/ Thos-
feld/ und ihrer beyder Söhnlein/ Tumu-
lich ein junges Herrlein von dreyen Jah-
ren/ und andere mehr/ wie Strabo l. 7. er-
zehlet. Zwey Jahr hernach ist er von Ca-
jo Pisone und dessen Landpfleger in Sy-
ria und desselben Weibe vergebē worden/
davon er gar verdorret/und nicht weit von
Antiochia gestorben ist/ mit grossem Be-
trübnis vieler ehrlichen Römer beyde Pi-
so und sein Weib Plancina habē sich hernach selbst erstochen. Es ist dieser Germanicus über vier und dreyßig Jahr nicht alt
worden/ und hat sich so wol versucht/ und
männlich gehalten/ daß er bey jedermann
hochgerühmet worden; Als sich nun Hertzog Herman mit den Römern wol hätte
abgebleuet/ und der theure Held von ihnen
mit

mit Gewalt dennoch nicht überwältiget
werden konte/ so hat man practiciret / wie
man ihm vergeben möchte / und dazu hat
sich der Catten oder Hessen Fürst Adgan-
defter freywillig erboten/ solches/da man
ihm den Gifft bereiten und schicken wolte/
williglich außzurichten / Aber Tacitus
schreibet/ daß dieser Fürst sich solches er-
vor/ehe es die Römer begehr/ zu thun zwar
anerboten / Die Römer hatten aber nicht
willigen wollen/ sondern ihm zur Antwort
geben / daß die Römer nicht gewont wä-
ren/ sich mit heimlichen bösen Tücken und
Lästern / sondern öffentlich mit wehrhaff-
ter Hand an ihren Feinden zu rächen. Es
hat sich traun dieser tapffere Held also gegen den Tiberium / wie aus obigen Geschichten erhellet/ sehen lassen/ daß Tiberius weder ihm / noch andern Deutschen
etwas abbrechen können. Deßgleichen ist
er dem Germanico auch also begegnet / dz
die Römer / ob sie gleich zuweilen etliche
Schlachten gewonnen/ und die Deutschen
etwas abgemattet / wenig Nutzen und
Vortheil darob erjagt und erhalten. Dan-
nenhero er auch fast allein ein ewiges Lob
unter

unter den Deutschen erlangt. Es ist sonsten
Hertzog Herman sein Geschlecht und Her-
kome betreffed gewese ein Sohn des mäch-
tigen Fürsten/ Hertzog Siegmeyers/ welcher in Westphalen im Lande Bergen/ und
am Rhein biß an die Weser/ auch wol her-
an biß an den Brecken/ und an der Sale
biß an den Lauterberg/ jetzt der Petersberg
bey Halle geheissen/ und fürder biß an die
Pleiß und Elster/ und dann die Elbe hin-
ab/ biß da sie in das Meer fleust/ hat geherr-
schet/ und ist der junge Hertzog beneben seinem Bruder Flavio gen Rom gesandt wor-
den/ daß sie allda auffertzogen/ etwas sehen/
erfahren und lernen solten/ da sie dann alle
beyde nicht allein der Sprache kundig/ sondern auch in allerley ritterlichen Ubungen
erfahren/ und für andern fürtreflich wor-
den/ und ist Fürst Herman eben in groß An-
sehen bey den Römern kommen/ wegen seiner ritterliche Thate/ daß er auch das Bür-
gerrecht erlanget/ zu Ritter geschlagen/ und
ein zeitlang über die Deutschen Guarde in
der Römer Läger ein Oberster gewesen/ sich
auch also erzeigt/ dz jederman ein Gefalle zu
zu ihm getragen/ und ist ein feiner streitbah-
rer/ tapffer r ernster Held worden/ eines hohen Verstandes und von freyer Hand.

Als nun die Römer eben dieselbige Zeit/

als

als HertzogHerman in die Regierung kommen war/ den Deutschen hart zugesetzt/hat
er sich für den andern allein also herfür gethan die Freyheit gemeines Vaterlandes zu
retten und zu schützen/daß er damit den Römern mehr den irgend zuvor ein Deutscher
Herr gethan/ zu schaffen gemacht/ dann ob
sich auch wol andere DeutscheFürsten und
Herrn zuvor und hernach wider die Römer gelegt/so geschahe doch solchs mit grosser Einmühtigkeit beynahe aller Deut-
schen/ oder je zu solchen Zeiten / da die Römer sonst an andern Orten auch mit Krie-
gen verhafftet/ oder je in Schrecken gestan-
den/oder doch allbereit im Abnehmen ihrer
grossen Macht gewesen/ Aber dieser Hertzog Herman/ ein junger Fürst und Herr/
hat ohne sonderlichen Beystand und Hülff
die Römer dazumahl nicht allein angegrif-
fen/sondern auch überhaupt geschlagen/da
der Römer Gewalt vermügen/ und Regiment am höchsten gestiegen/und sie sich nirgend Feindschafft zu befahren / auch sonst
an allen Orten Glück und Sieg gehabt/
wie dann Suetonius bezeugt/ daß Käyser
Augustus die gantze Zeit seiner Regierung
allenthalben Glück wider seine Feinde ge-
habt/ und nirgend Niederlage erlitten/ den
die zwo in Germanien/ nemlich/ da ihm der
Lolli-

Coſuis erlegt worden/ uñ darnach die groſſe Schlacht / ſo Hertzog Herman dem
Häuptman Quintilio Varo abgewonnen/
Wie er es dañ endlich dahin gebracht/daß
die Römer aus Deutſchland verrückt müſ-
ſen/Hätte er auch gerne die entledigten und
von der Römer Gewalt befreyeten Deutſchen in ein Corpus und gewiſſe Vereini-
gung gefaſt/ damit man auff künfftigſte im
Fall der Noht / den Römern und andern
Feinden einmütigen Widerſtand thun kon-
ten/ und nicht/wie bißher geſchehen/ durch
ſolche weitläufftige Trennung ein Deutſch
Volck nach dem andern Zinsbar gemacht/
und letzlich gar unterdrückt würde. Dieſes
hochnöhtige Fürnehmen aber/darinnen er/
doch mehr andern / denn ihm ſelbſt / zu die-
nen ſich befliſſen / ward ihm zum ärgeſten/
und dahin außgedeutet / als unterſtünde er
ſich nun über alle dieſelben Lande König zu
werden/ und ſeines Gefallens darüber zu
walten. So bald ſolchen Wahn aus
angünſtiger Leute falſchen Anbringen
die andern Deutſchen Fürſten ſchöpf-
eten / beſorgten ſie ſich/ daß ſie darüber nichts wenigers ihre alte Freyheit ver-
lieren möchten/ſchlugen ſich derohalben zuſammen / und kriegten wider Hertzog Herman / da wechſelte das Glück offt ſeltzam
umb/

umb / aber doch ward zuletz der Hertzog von
seinen eigenen angebornen Freunden / so
sich dazu mit Gelde hatten kauffen lassen /
mit List und Betrug verrähterlich in seinem
selbsteigenem Lande umbbracht / den die
Römer unnd alle seine Feinde mit
mit Gewalt und öffentlichen Angriff wol
hätten müssen ungedämpffet lassen. Und
also ist dieser freudiger / unerschrockener /
tapffer Deutscher Herr / und ein Außbund
der Deutschen Helden / Anno Christi 21.
umb sein Leben kommen / nach dem er nur
zwölff Jahr lang nach des Quintilii Niederlage sein Vaterland / sampt den oberzeh-
leten umbligenden Ländern gewaltiglich innen gehabt / das Regiment geführet / und
gleichwol in so kurtzer Zeit so vie Widerstand außgestanden / und so viel grosser Sachen außgerichtet hatte / und / ist nicht älter dann sieben und dreyßig / und also nur
drey Jahr älter werdē war / deñ Alexander
der grosse. Den Ihn dann der Edle Deutsche Ritter und Poet Herr Ulrich von Hut-
ten in seinem Dialog. Arminius genandt /
wie auch der Römer Scipioni und Car-
thaginienser Fürsten Hannibali Noch allein gleich geachtet / sondern zum Theil auch
fürgezogen. Und wiewol in vielen Histori-
schen Monumenten dieses Hertzogs Hermans

mans / oder Arminii gedacht wird / so gibt
doch Cornelius Tacitus zu verstehen / daß
er ein solcher Held gewesen / dessen billich
auch mehr Historienschreiber hätten geden-
cken sollen / ja der wol würdig / daß man eine eigene Chronica von ihm schriebe / zeiget
aber die Ursach daneben an / warumb es nit
geschehen / den die Griechen / sagt er / haben
den Brauch / daß sie nichts denn ihre eigene Thaten rühmen. Die Römer geben so
gar grosse und eigentliche Achtung auff die
neue Händel / daß sie der alten Geschichten
darüber vergessen / so hat es dazu den Deutschen an Scribenten gemangelt / sonst wäre ohne Zweifel dieses treflichen Fürsten
nicht vergessen worden. Dann welcher
Kriegs-Held ist aus so grosser Beschwe-
rung zu solchen hohen Ehren komen? Welcher hat grössere und gefährlichere Kriege
geführet? Welcher hat seines Kriegens
bessere und billichere Ursachen gehabt?
Welcher hat gewaltiger un mächtiger Feinde gehabt / und dieselben freudig angegrif-
fen? Welcher hat weniger seinem Eigen-
nutz / Ehr und Wollust durch dieses alles
gesucht? Welcher hat sich so mancherley
Widerstand / Untreu und Unfall weniger
abschrecken lassen? Ja welcher Kriegsfürst
hat endlich auch standhäfftiger alles / was
ihm

ihm unter Augen stoßen mögen/außgestan-
den und überwunden : Denn eben dieser
Deutscher und fäster Hartzländer/Hertzog
Herman. Daß ihm daher zu ewigen Ge-
dächtniß folgende Wort Cornelii Taciti
gleich als zu einem Monument wol gesetzt
werden mochten :

DOLO PROPINQUORUM
CECIDIT LIBERATOR
HAUD DUBIE GERMANIA,
ET QUI NON PRIMORDIA
POPULI ROMANI SICUT
ALIT PRINCIPES DU-
CESQUE, SED FLO-
RENTISSIMUM IMPE-
RIVM LACESSIERIT, PRÆ-
LIIS AMBIGUUS, BELLO
NON VICTUS, SEPTEM ET
TRIGINTA ANNOS VITÆ,
DUODECIM POTEN-
TIÆ EXPLE-
VIT.

ENDE.